Themart is an exclusive publication by Studio Byblos and it wants to be a new way to enjoy artworks with organized "thematic publication modules". The "thematic publication module" makes the reader to memorize the name of the published artists and of the artworks thanks to a subject. These subjects are various and for this edition are: *Real world looks in the mirror - Real world over the mirror - The Games have soul - Inanimate becomes Art.* Themart aims to enter in the mind of the reader to help him to best appreciate and to best remember moments made of art and thoughts.

Themart è una pubblicazione esclusiva di Studio Byblos e vuole essere un nuovo modo di fruire le opere d'arte organizzate secondo "moduli di pubblicazione a tema". Il "modulo di pubblicazione a tema" fa memorizzare al lettore il nome dell'artista pubblicato e delle opere d'arte grazie a un'argomento. Tali argomenti per quest'edizione sono: *Il mondo reale si guarda allo specchio - Il mondo reale oltre lo specchio - I Giochi hanno un'anima - L'inanimato diviene Arte.* Loro obbiettivo è l'entrare nella mente del lettore per aiutarlo a meglio apprezzare e a meglio ricordare momenti fatti d'arte e di pensieri.

Dino Marasà

Real world looks in the mirror

Il Mondo reale si guarda allo specchio

Loredana Giannuzzi

Carla Moiso

LOREDANA GIANNUZZI

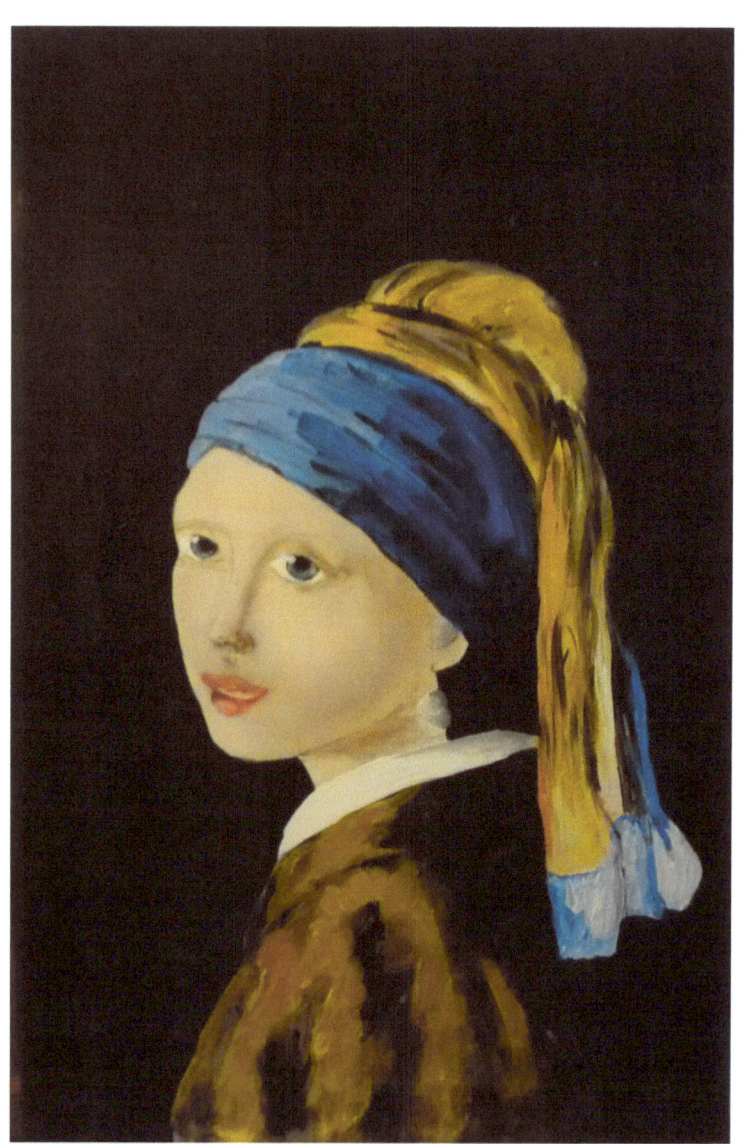

Colors and signs are together to revisit a "already seen" in which a girl focuses the concept of elegance and sensuality in an earring. The talent and technique of Loredana Giannuzzi are the basis to create valuable, faithful to reality, timeless artworks.

Colori e segni sono assieme per interpretare di nuovo un "già visto" nella quale una ragazza focalizza il concetto di eleganza e di sensualità in un orecchino. Il talento e la tecnica di Loredana Giannuzzi sono alla base per creare valide opere d'arte, fedeli al reale, che sono senza tempo.

Dino Marasà

La ragazza con l'orecchino di perla, falso d'autore da Vermeer - Girl with a Pearl Earring, real copy from Vermeer
acrylic on canvas, 40x60 cm   EURO 1.200,00

Via Francesco Menzio - 00125 Roma AXA   Mob: +393470190604   deannatroy@tin.it

LOREDANA GIANNUZZI

The ancient and the recent find their union in the work "Virgin Mary Child between Picabia and Dante". So painting the religious reality takes on a modern look and new that gives confirmation pictorial estrus and inventiveness of Loredana Giannuzzi.

L'antico e il recente trovano la loro unione nell'opera "Vergine con Bambino tra Picabia e Dante". Dipingere la realtà religiosa assume quindi una veste moderna e nuova che dà conferma dell'estro pittorico e all'inventiva di Loredana Giannuzzi.

Dino Marasà

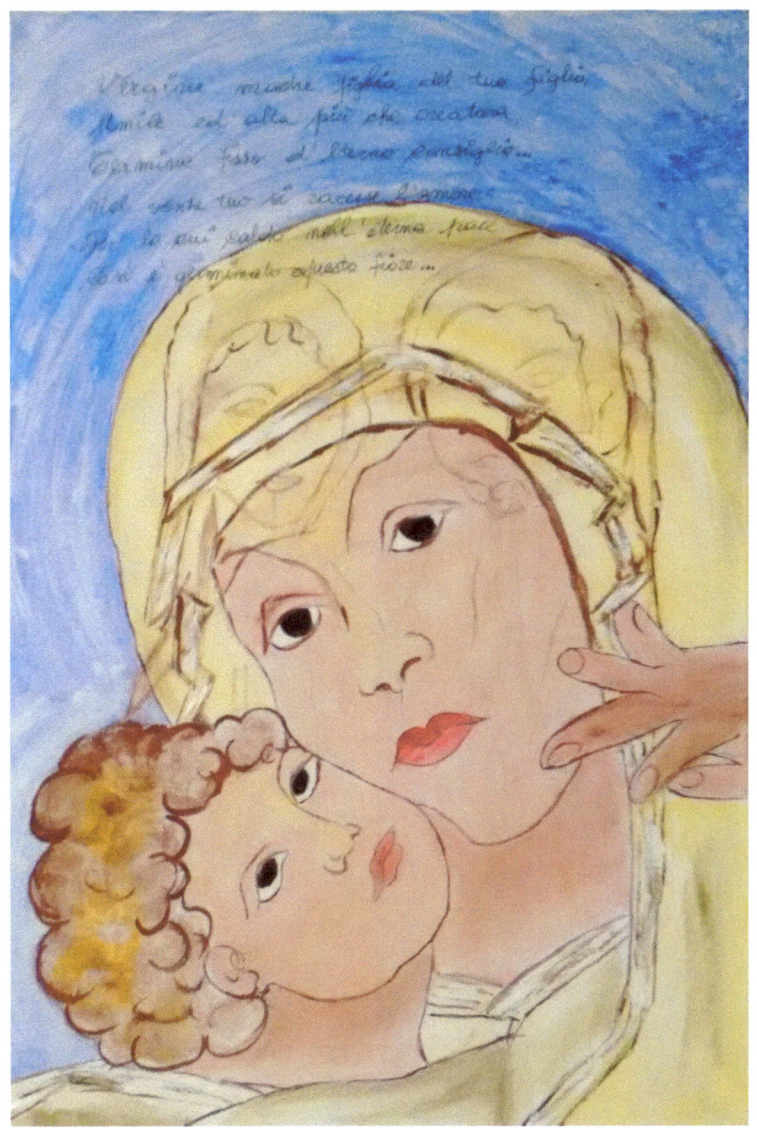

Vergine con Bambino tra Picabia e Dante
Virgin Mary between Picabia and Dante
acrylic on canvas, 40x60 cm   EURO 1.200,00

Via Francesco Menzio - 00125 Roma AXA   Mob: +393470190604   deannatroy@tin.it

CARLA MOISO

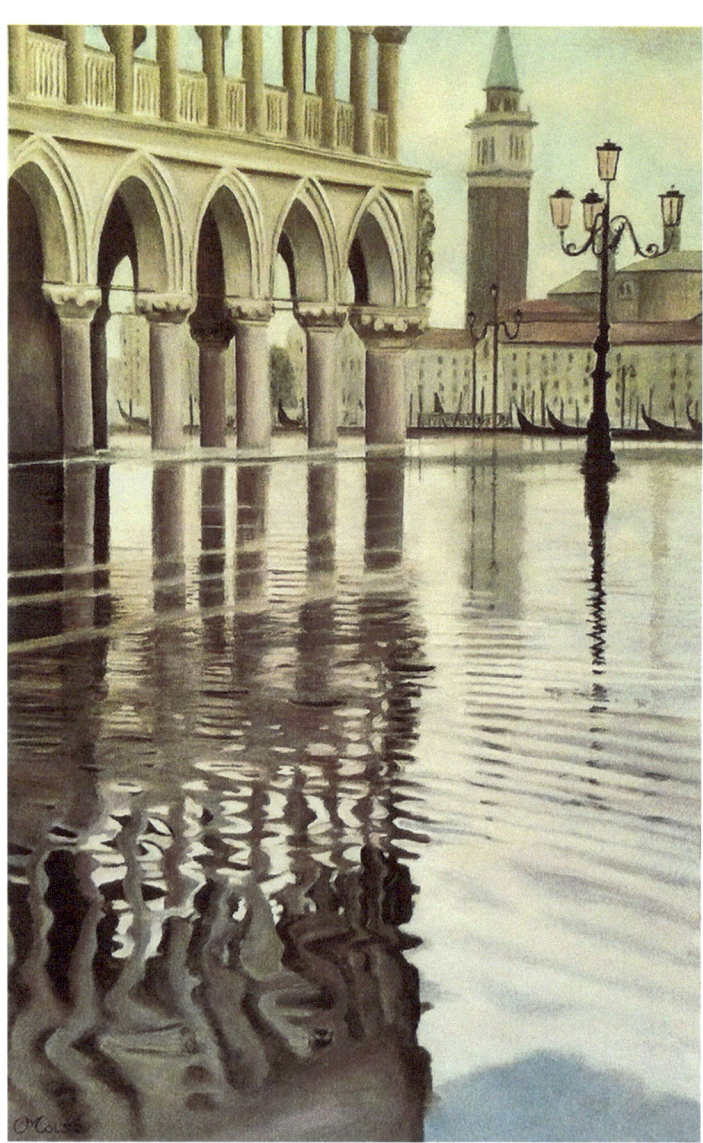

Venice, in symbiosis with water. And the water, his partner, worries about reflecting the image and the history of this city, where art and different styles have found their home. As well as the art has found a home in Carla Moiso painter.

Venezia, in simbiosi con l'acqua. E l'acqua, sua compagna, si preoccupa di riflettere l'immagine e la storia di questa città, dove l'arte e gli stili diversi hanno trovato la loro propria casa. Così come l'arte ha trovato dimora nella pittrice Carla Moiso.

Dino Marasà

Riflessi gotici a Venezia, oil on canvas, 80x50 cm
EURO 2.200,00

3394616906 - www.carlamoiso.com - carlamoiso@gmail.com

CARLA MOISO

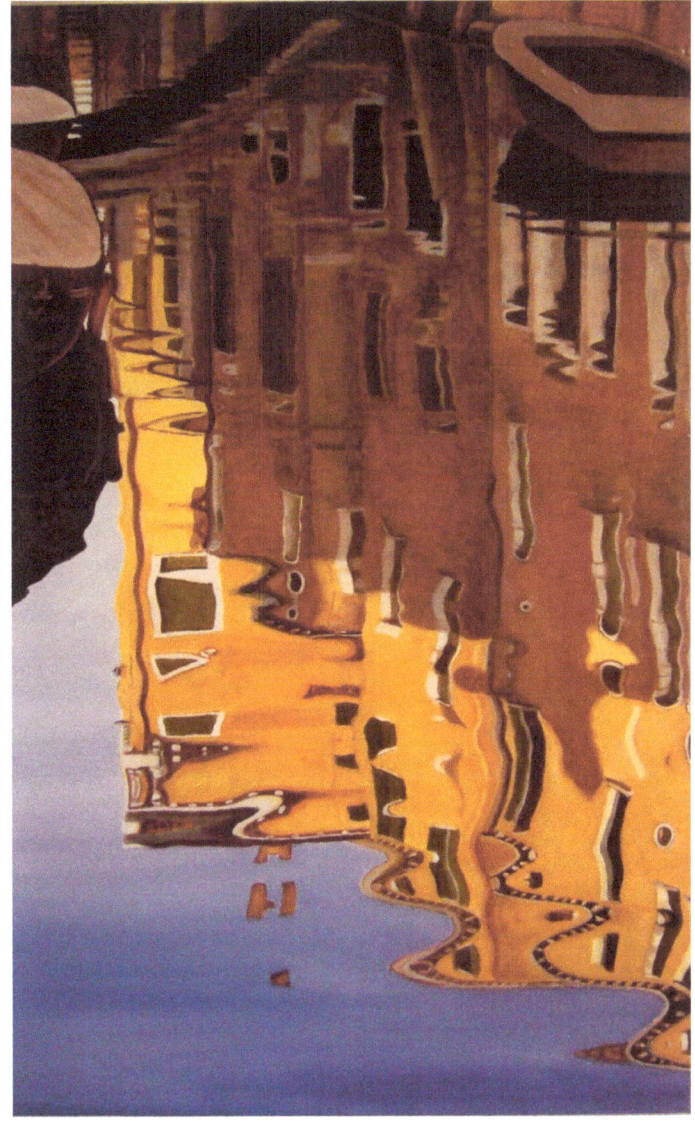

At sunset ancient buildings confide their secrets to the water of the lagoon, where dream and reality blend together and make the suggestion tangible. All this happens thanks to the talent and colors of Carla Moiso
painter.

Al tramonto antichi palazzi confidano i loro segreti all'acqua della laguna, dove il sogno e la realtà si confondono e rendono tangibile la suggestione. Tutto ciò accade grazie al talento e ai colori della pittrice Carla Moiso.

Dino Marasà

Riflessi al tramonto, oil on canvas
80x50 cm   EURO 2.200,00

3394616906 - www.carlamoiso.com - carlamoiso@gmail.com

Real world over the mirror

Il Mondo reale oltre lo specchio

Claudette Allosio

Luisa Conte

Giacomo Frigo

Federico Tamburri

CLAUDETTE ALLOSIO

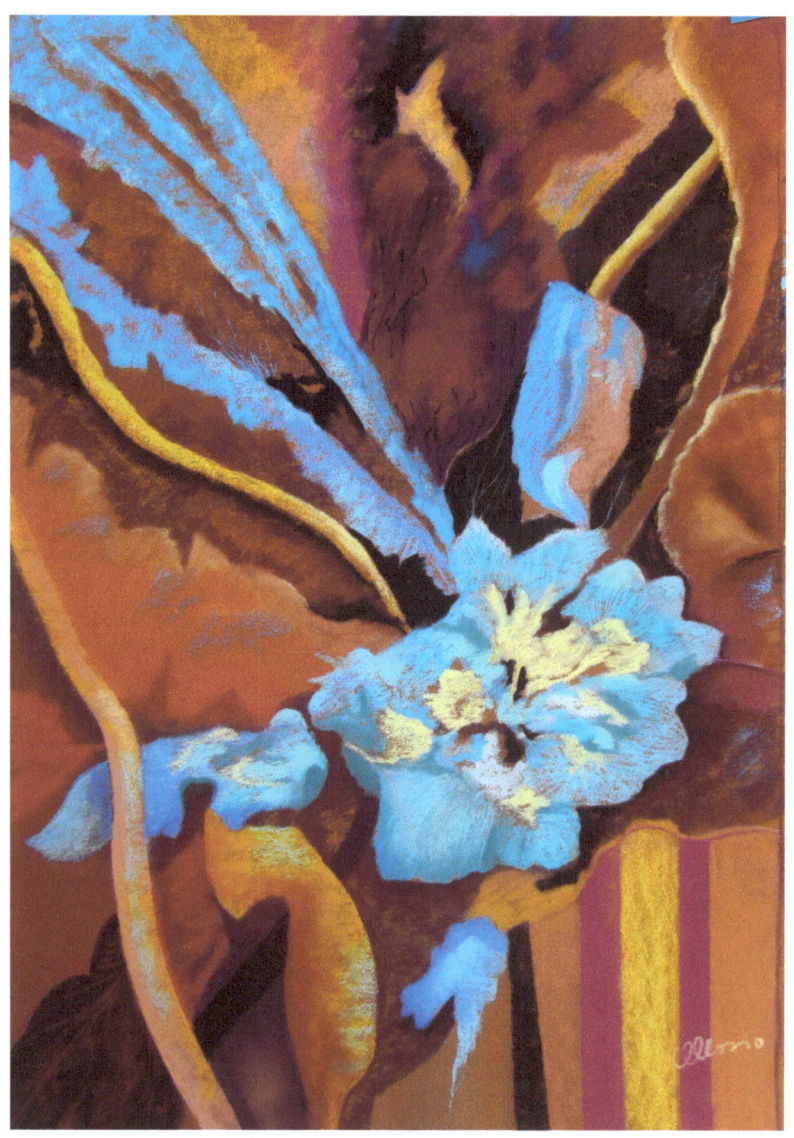

The painter Claudette Allosio paints a flower in its detail to reveal the secrets of its closest changes. Metaphor of the concept that there is something beyond the appearance, that often does not open in its completeness to us hiding areas that are not detected. Areas that only the imagination can conceive.

La pittrice Claudette Allosio dipinge un fiore nel suo particolare per svelare i segreti dei suoi più intimi cambiamenti. Metafora del concetto che oltre l'apparire c'è qualcosa che sovente non si apre nella sua completezza all'interlocutore nascondendo così ambiti che se non rivelati, solo l'immaginazione può concepire.

Dino Marasà

Métamorphose bleue - Blue metamorphosis
dry pastel, 80x60 cm EURO 1.500

36, rue Le Corbusier - 38400 Saint Martin d'Hères (France) Mob: +330683458805 callosio@free.fr www.claudetteallosio.com

CLAUDETTE ALLOSIO

A chromatic ensemble refers to a condition of instability that causes disturbance. Emergency. The drawing reminds flowers, the favorite subjects of Claudette Allosio, the painter who gives word to the flowers and increases their innate symbolic and emotional strength.

Un ensemble cromatico rimanda ad una condizione di instabilità che provoca turbamento. Emergence. Il disegno ricorda i fiori, i soggetti prediletti di Claudette Allosio, la pittrice che dà parola ai fiori e aumenta la loro innata forza simbolico-emotiva.

Dino Marasà

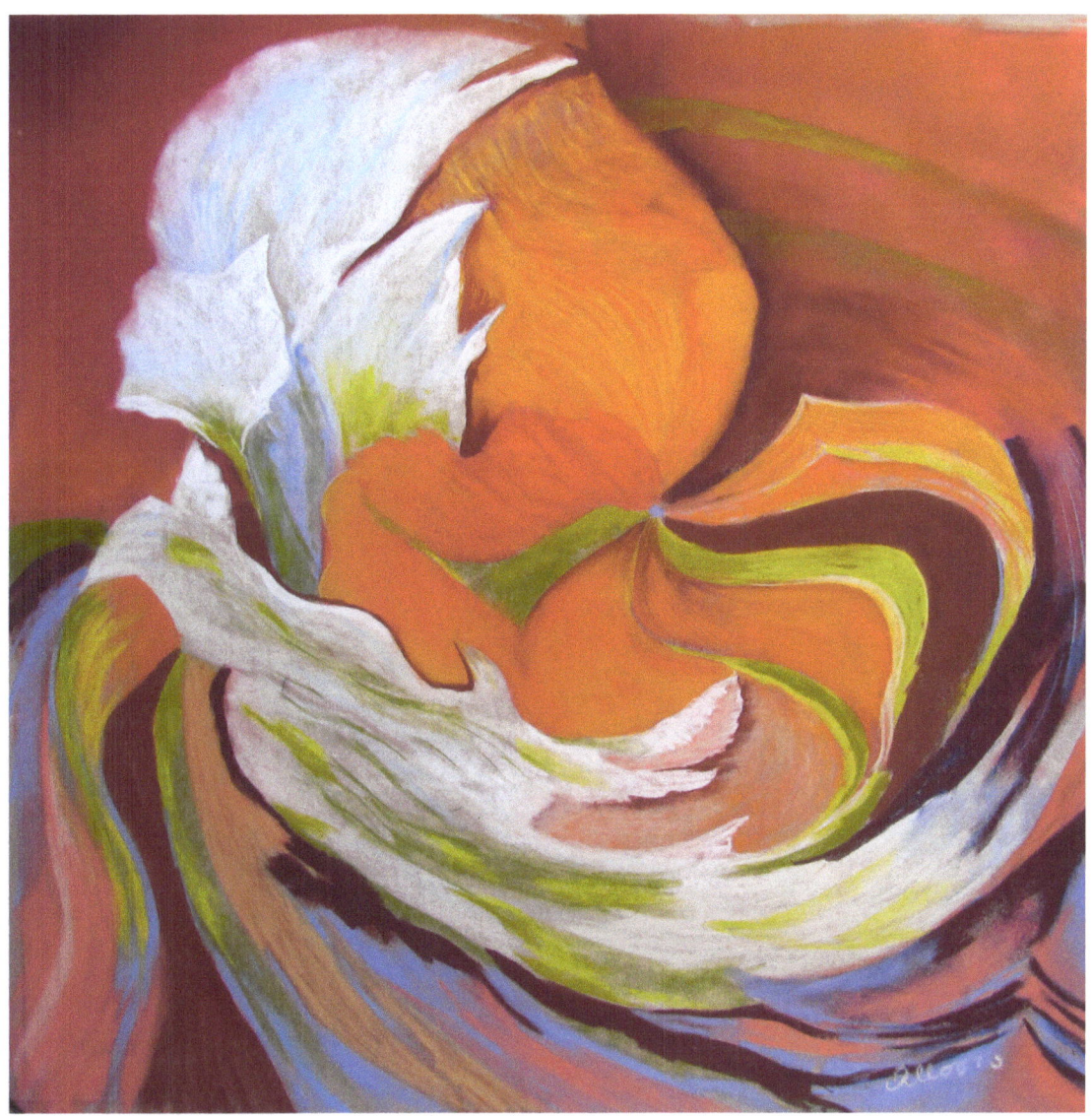

Emergence - Emergency
dry pastel, 64x64 cm
EURO 1.200

36, rue Le Corbusier - 38400 Saint Martin d'Hères (France) Mob: +330683458805 callosio@free.fr www.claudetteallosio.com

LUISA CONTE

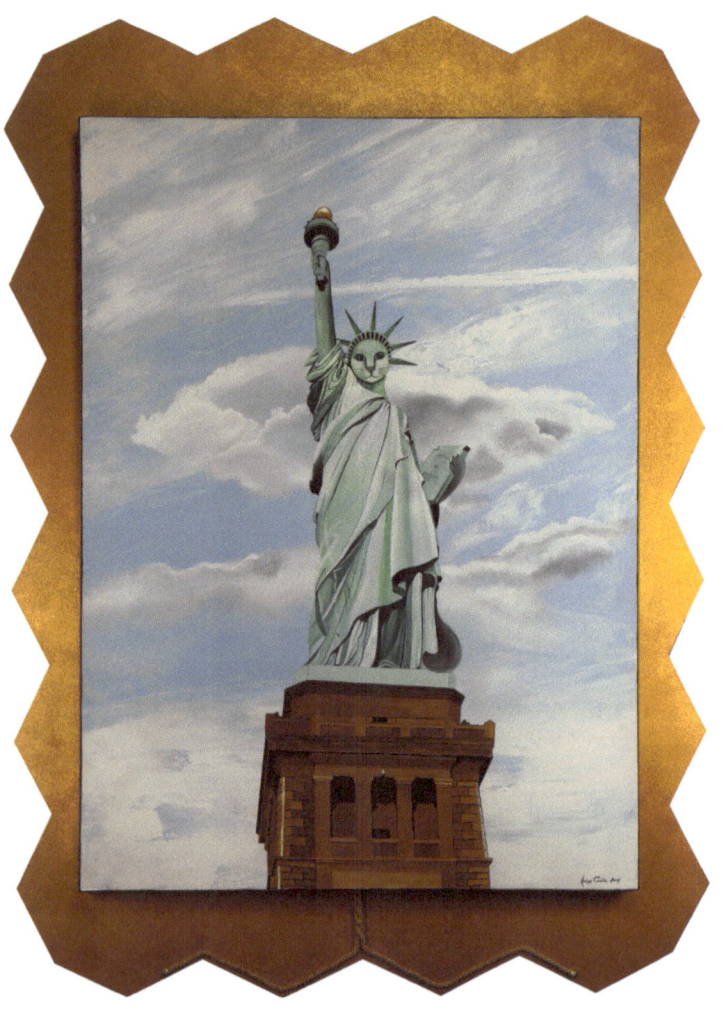

The cat becomes the protagonist of the events and of human society. We find it everywhere, with the duty to unravel a mystery. "The Cat of Liberty" is watching from high an Ellis Island of a parallel dimension unknown to the most of people. this dimensions is unveiled by art, and once cats instead of men arrived at this Ellis Island from Europe. I really think so! Because I know that Luisa Conte does not lie in his works and reveals a mystery!

Il gatto diventa il protagonista delle vicende e della società umane. Lo troviamo dovunque, con il compito di svelare un mistero. "La Gatta della Libertà". Guarda lei dall'alto una Ellis Island di una dimensione parallela sconosciuta ai più, svelata dall'arte, dove un tempo arrivano dall'Europa gatti invece che uomini. Credo proprio di si! Perché so che Luisa Conte non mente nelle sue opere e ci svela un mistero!

Dino Marasà

La Gatta della Libertà - Liberty's Cat
acrylic on canvas with wooden frame with golden paste, 70x100 cm EURO 2.500,00

Via Foscolo, 2/A - 10098 Rivoli (TO) Mob: +393470696544 conteluisa@gmail.com www.luisaconte.com

LUISA CONTE

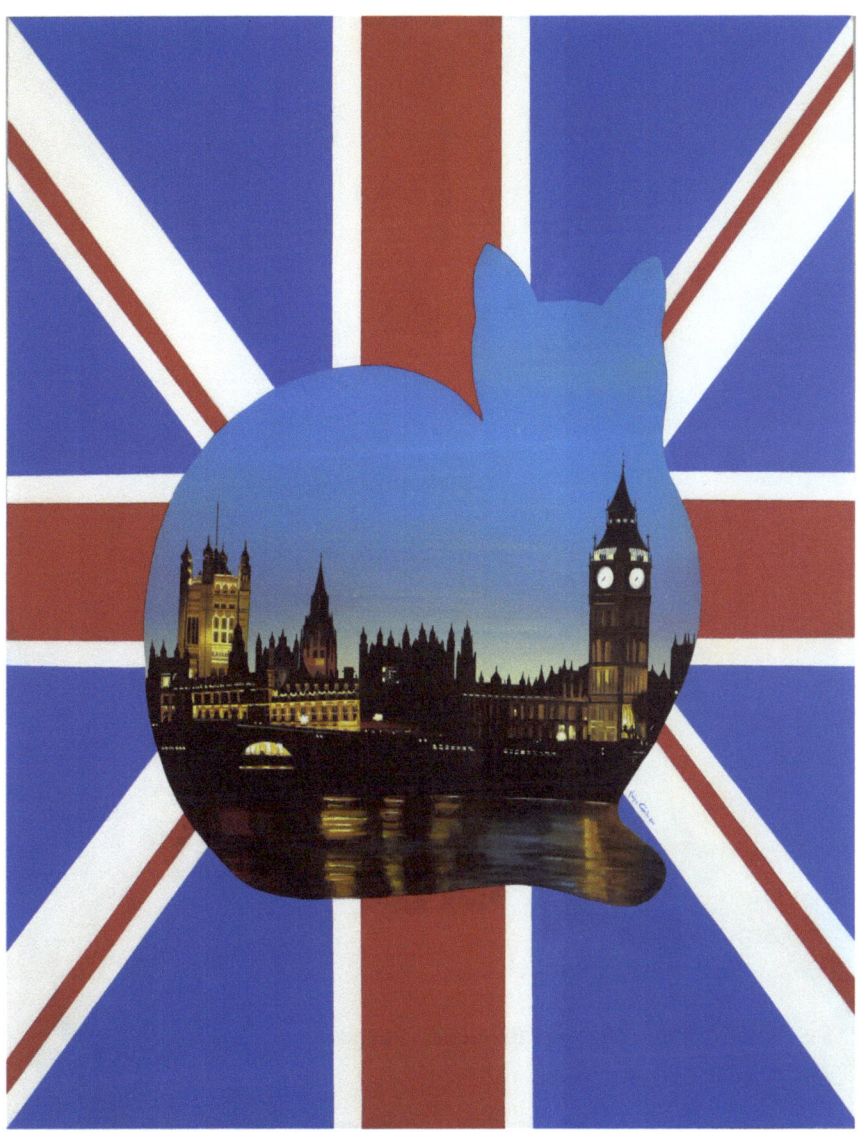

The Union Jack's Cat is the witness of the union of England, Scotland and Ireland. With its friendly presence reminds us that the union of peoples gives great results such as the British Empire that makes his voice heard still nowadays from London the capital. Of course cats like safety and not uncertainty. But they are smart: they can be on the side of the strongest maintaining their freedom. We have to learn something from the cats! This is the message of the painter Luisa Conte. And I agree.

The Union Jack's Cat è il gatto testimone dell'unione di Inghilterra, Scozia e Irlanda. Con la sua simpatica presenza ci ricorda che l'unione dei popoli dà grandi risultati come l'impero Britannico che fa sentire ancora oggi la sua voce da Londra sua capitale. E certo ai gatti piace la sicurezza e non l'incertezza. Ma sono furbi riescono a stare dalla parte del più forte mantenendo la loro libertà. Dobbiamo imparare qualcosa dai gatti! Questo è il messaggio di Luida Conte. E io sono d'accordo.

Dino Marasà

The Union Jack's Cat
acrylic on table, 80x60 cm   EURO   2.000,00

Via Foscolo, 2/A - 10098 Rivoli (TO) Mob: +393470696544 conteluisa@gmail.com   www.luisaconte.com

GIACOMO FRIGO

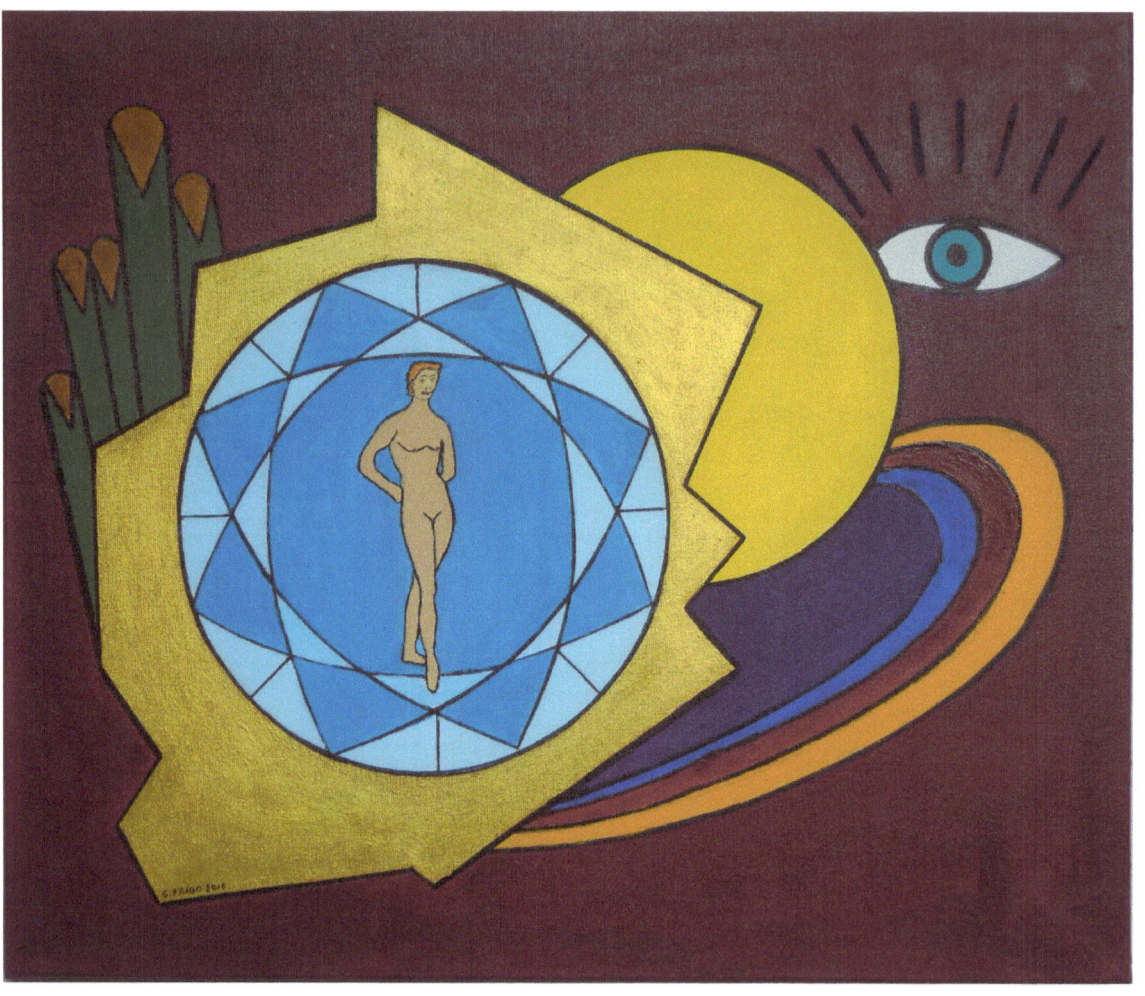

La creatrice dell'umanità - She the maker of mankind, 2015, acrylic on canvas, 50x60 cm

Immediately understandable symbols refer to a matriarchal concept behind the first human society. Woman is the creator of life and perhaps also universe is female? This is the question we ask ourselves in front of the opera "She the maker of mankind" conceived by Master Giacomo Frigo.

Simboli immediatamente comprensibili rimandano ad una concezione matriarcale alla base della prima società umana. La donna è creatrice di vita e forse l'universo anche femminile? Quest è la domanda che ci poniamo davanti l'opera "La creatrice dell'umanità" concepita dal Maestro Giacomo Frigo.

Dino Marasà

Via Monte Marona, 10 - 28923 Verbania   Mob: +393383089452   frigiaco@libero.it   Pricing: from 500,00 to 2.500,00 EURO

GIACOMO FRIGO

Every thought of ours is often hidden behind a mask. This mask does not betrays the feelings and cheats the sense of the man who is watching us. This is achieved by the intellect to preserve us from danger with cheating. Master Frigo expresses this concept in the work "The mask, the senses and the intellect."

Ogni nostro pensiero viene spesso nascosto dietro una maschera. Tale maschera non lascia trapelare le sensazioni e inganna i sensi di chi ci guarda. Ciò è opera dell'intelletto che ci preserva dal pericolo mediante l'inganno. Il Maestro Frigo esprime tale concetto nell'opera "La maschera, i sensi e l'intelletto".

Dino Marasà

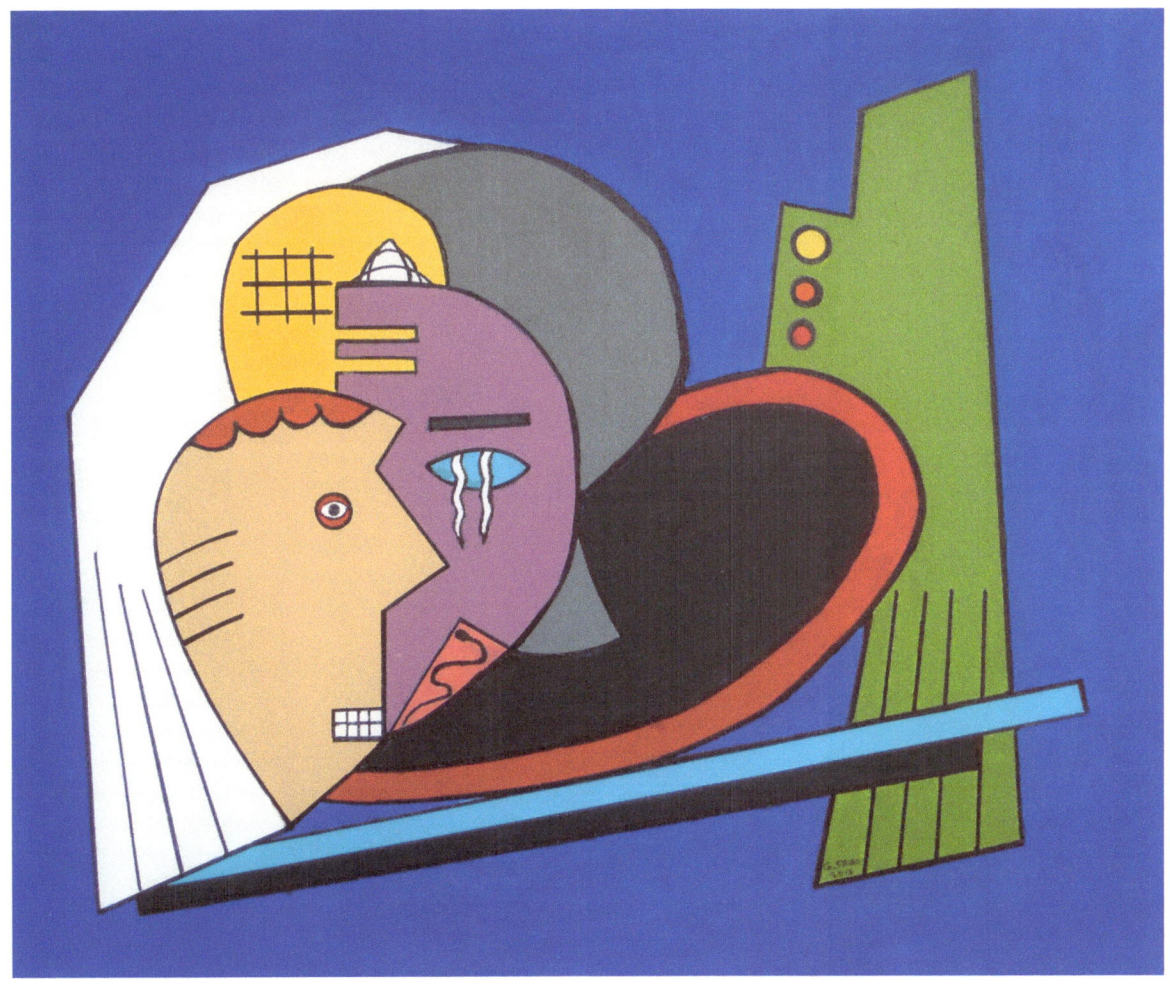

La maschera, i sensi e l'intelletto - The mask, the senses and the intellect, acrylic on canvas, 50x60 cm

Via Monte Marona, 10 - 28923 Verbania Mob: +393383089452   frigiaco@libero.it   Pricing: from 500,00 to 2.500,00 EURO

FEDERICO TAMBURRI

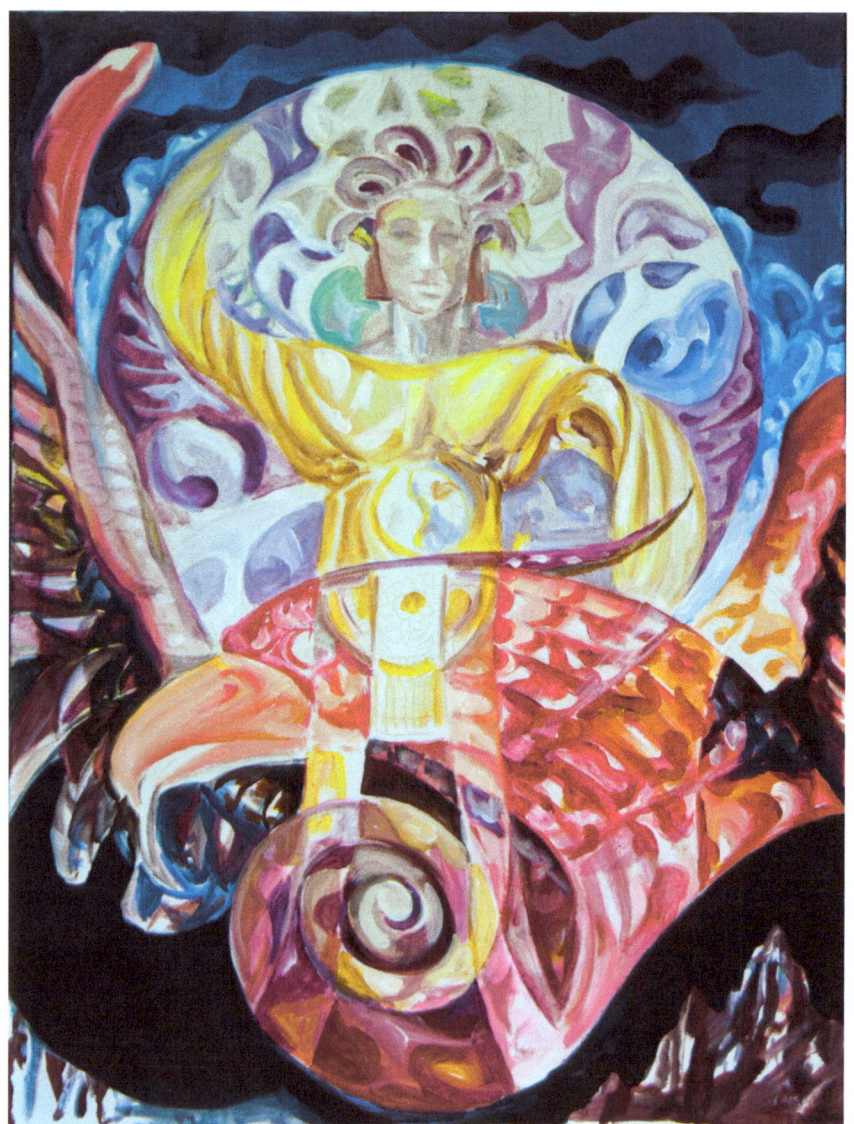

Simurgh, is a mythical pure bird that lives on the tree that produces all the seeds of wild plants. Simurgh with the beating of its wings makes them fall, renewing the plant life. The Master Tamburri managed to snatch the profile and the will to continue the spread of life and he portraits them in the work Simurgh. He will be remembered because very few people in history reached to draw a Simurgh with such expressiveness and synthesis. I believe that anyone who watch this work will never forget a Simurgh and he'll search more about its myths. And I'm among these!

Simurgh, è un uccello mitico puro che vive sull'albero che genera tutti i semi delle piante selvatiche. Simurgh con il battito delle sue ali li fa cadere, rinnovando la vita vegetale. Il maestro Tamburri è riuscito a carpirne il profilo e la volontà di continuare la diffusione della vita e li ha ritratti nell'opera Simurgh. Sarà ricordato perché pochissimi nella storia sono riusciti a rappresentare un Simurgh con tale espressività e sintesi. Credo che chiunque veda quest'opera non dimenticherà mai un Simurgh anzi vorrà sapere di più sui suoi miti. E io sono fra questi!

Dino Marasà

Simurgh, 2014, acrylic on canvas, 80x60 cm
EURO 4.500,00

Via Risorgimento, 10 - 64032 Atri (TE) Mob: +393408228313 federico.art@tiscali.it Search on web: Federico Tamburri Artista

FEDERICO TAMBURRI

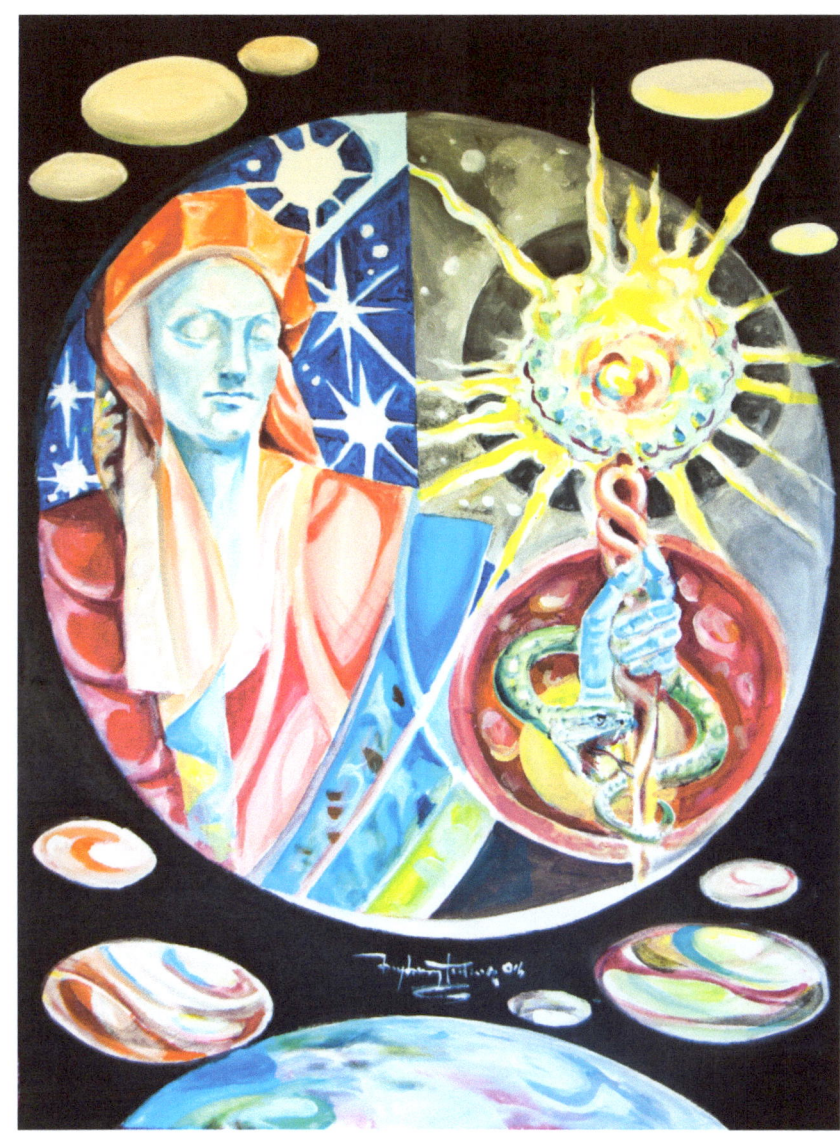

A white dwarf is the last stage of a star like the Sun. They are so common in the universe, custodian of carbon and of oxygen the basic elements for life. These stars are the fruit of the labor of an entity looking solemn. Is he perhaps the Universe perhaps the Creator God? So behind the serpent ancient symbol of life and miraculous healing there are white dwarfs. This is the message of the Master Federico Tamburri, formulated by combining elements of modern science, mythology and cosmology. Synthesized in the work: The manufacturer of white dwarfs.

Una nana bianca è l'ultimo stadio di una stella come il Sole. Comunissime nell'universo, depositarie di carbonio e ossigeno gli elementi basilari per la vita, sono il frutto della fatica di un'entità dall'aspetto solenne. Forse l'Universo forse il Dio Creatore? Dunque dietro il serpente simbolo antichissimo della vita e di guarigione taumaturgica ci sono le nane bianche. Questa è il messaggio del Maestro Federico Tamburri, formulato unendo elementi di scienza moderna, mitologia e cosmologia. Sintezzato nell'opera: Il costruttore di nane bianche.

Dino Marasà

Il costruttore di nane bianche
The builder of white dwarfs, 2014, acrylic
80x60 cm   EURO 4.500,00

Via Risorgimento, 10 - 64032 Atri (TE) Mob: +393408228313 federico.art@tiscali.it Search on web: Federico Tamburri Artista

The Games have soul

I giochi hanno un anima

Anga Sterremberg

ANGA STERRENBERG

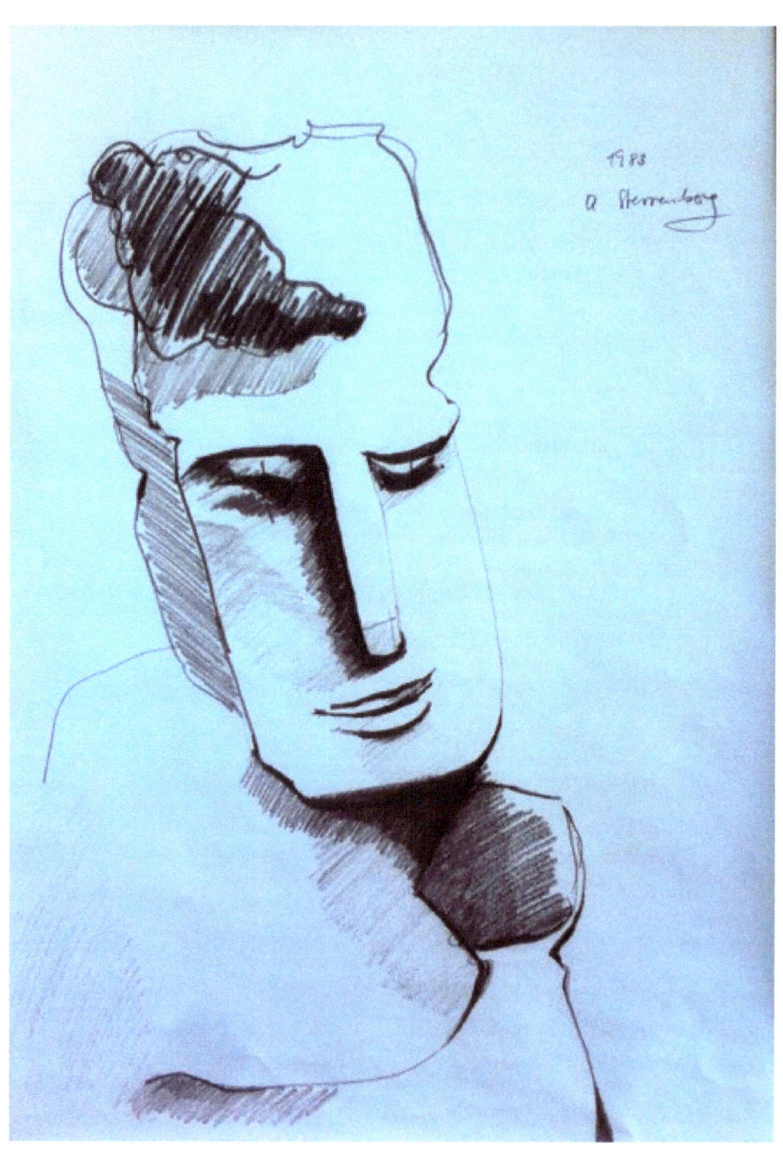

The Bishop, from thousands of years is on the battlefield of chess. A game known everywhere, full of charm because it is witness of love that man always had for virtual reality. We find Bishop's face imagined by the artist multifaceted Anga Sterrenberg. This just sketched face seems to welcome that is part of an artwork, the Bishop that in itself is already an artwork of the human ludic capacity.

L'alfiere, da millenni è sul campo di battaglia degli scacchi. Gioco conosciuto ovunque e che è pieno di fascino poiché testimone dell'ingegno dell'uomo che da sempre ha amato la realtà virtuale. Troviamo il suo volto immaginato dall'artista poliedrica Anga Sterremberg. Appena accennato sembra compiacersi del fatto che fa parte di un'opera d'arte, egli che di per sé è già opera d'arte delle capacità ludiche dell'uomo.

Dino Marasà

Springer (german name of Bishop of Chess) -L'Alfiere 1983, sketch for the artwork Chin. Chess (ie 8 basic figures) that can only be purchased as copy-making.

Wien (Austria)   Mob: 00436645594544   anga.sterrenberg@chello.at

ANGA STERRENBERG

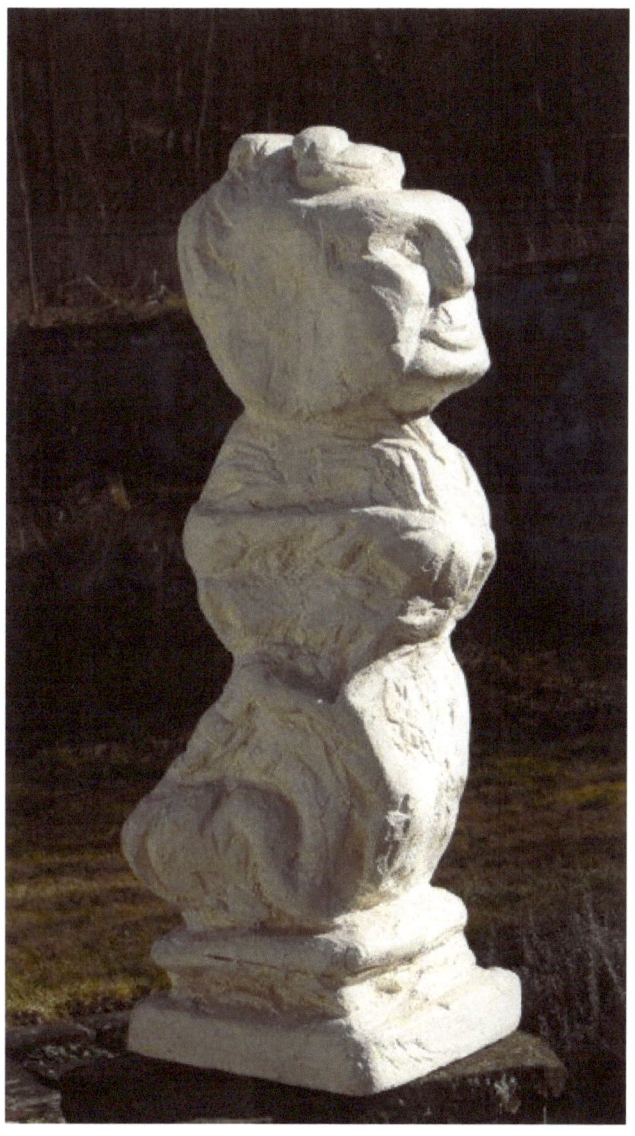

In this evocative artwork of Anga Sterrenberg the Bishop takes on the consistency of stone. In its immobility the Bishop is solemn, as requested by its role. It is warily, and it is waiting for orders from above. But we risk nothing to approach it: the important thing is that we do not wear anything white or black. You never know we might be attacked and involved in a battle that is not ours.

In quest'opera suggestiva di Anga Sterrenberg l'Alfiere assume consistenza di pietra. Nella sua immobilità è solenne, come chiede il suo ruolo. Guardingo, in attesa di ordini superiori. Ma noi rischiamo nulla ad avvicinarci l'importante è che non indossiamo nulla di bianco o di nero. Non si sa mai potremmo essere attaccati e trovarci coinvolti in una battaglia che non ci appartiene.

Dino Marasà

Springer (german name of Bishop of Chess) - L'Alfiere
artwork Chin. Chess (ie 8 basic figures) that can only be purchased as copy-making. Its size is 165 cm

Wien (Austria)   Mob: 00436645594544   anga.sterrenberg@chello.at

Inanimate becomes Art!

L'inanimato diventa Arte!

Giulio Belloni

Roberto Bonetti

Josefina Temín

GIULIO BELLONI

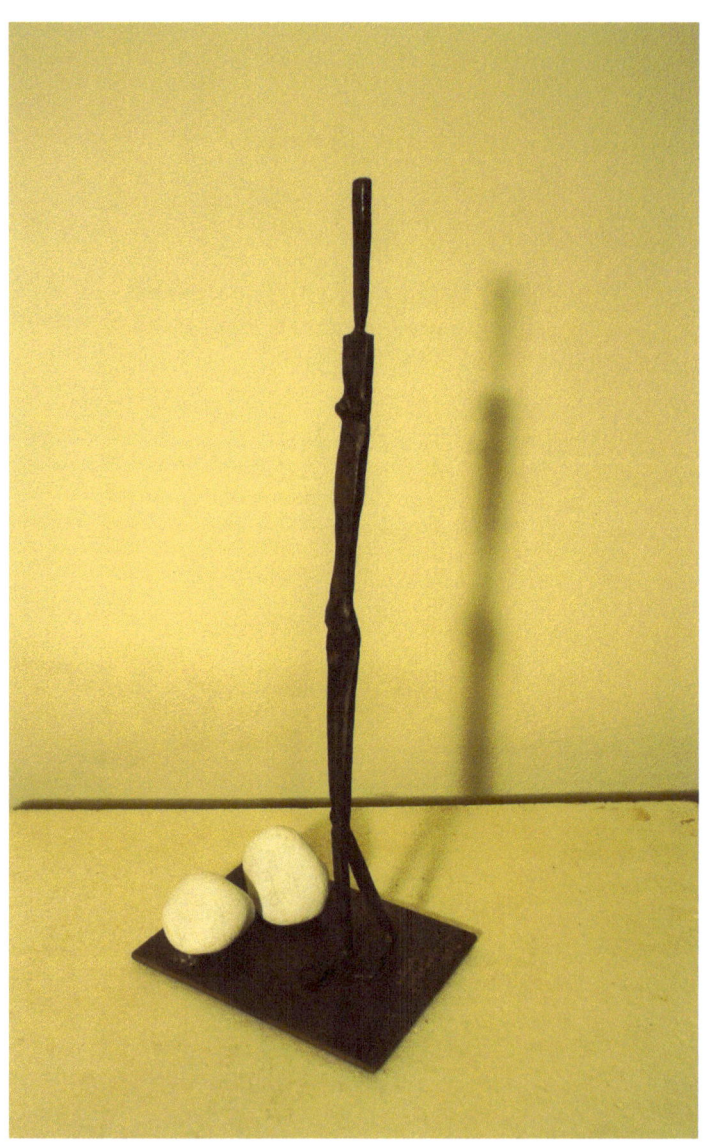

The myth of Leda represented by Master Giulio Belloni is evoked with a few essential plastic elements, which possess the dynamism of the emotional tension of a human mother who gives birth to two eggs, fruit of union with Zeus turned into a swan. The woman, stunned, unconscious, has created demigods who will enrich the Greek mythology of new and key characters. This artwork demonstrates the great culture and creative poetry of Master Giulio Belloni.

Il mito di Leda rappresentato dal Maestro Giulio Belloni viene rievocato con pochi, essenziali elementi plastici, che posseggono la dinamicità della tensione emotiva di una madre umana che partorisce due uova, frutto dell'unione con Zeus trasformatosi in cigno. La donna, attonita, inconsapevole, ha dato vita a semidei che arricchiranno la mitologia greca di nuovi e fondamentali personaggi. Quest'opera d'arte dimostra la grande cultura e la poesia creativa del Mestro Giulio Belloni.

Dino Marasà

Leda, 2015, full-relief sculpture by steel and by Carrara marble
48x18x13 cm,   EURO 6.000

Via Lodovico il Moro, 10 - 20017 Rho (MI) Tel: +392930257   Mob: +393467482471   E-mail: giulio.belloni@lbmstudio.it

GIULIO BELLONI

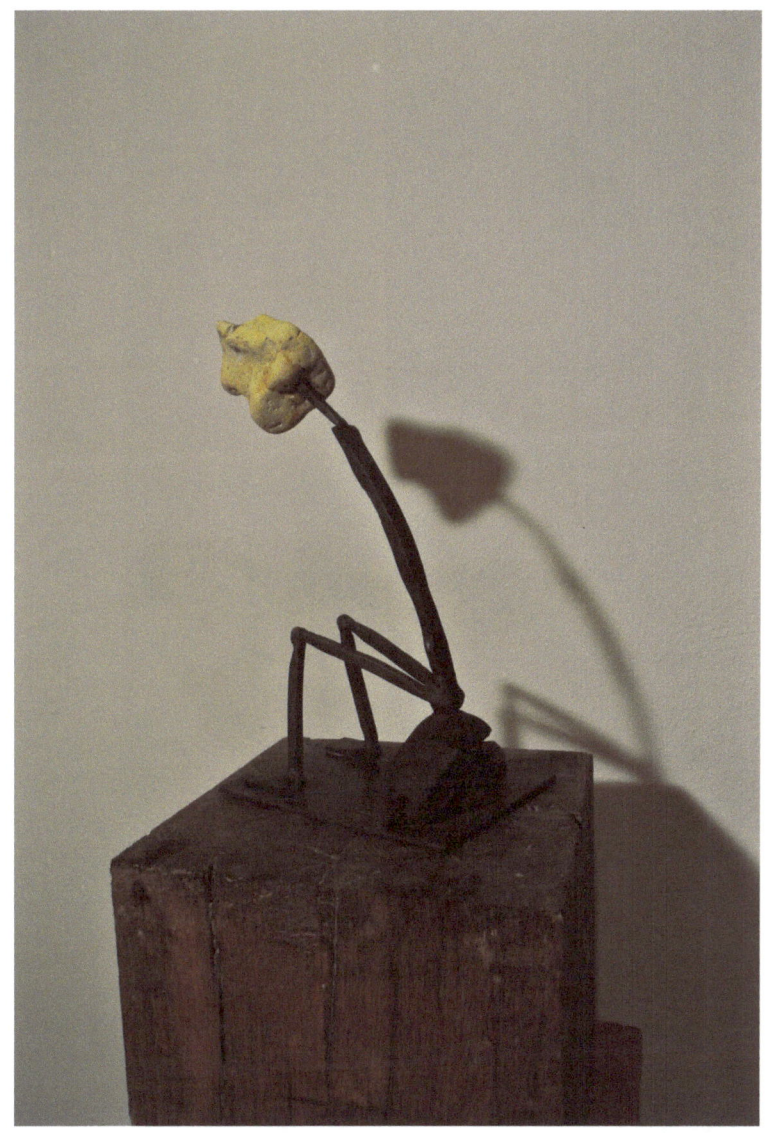

The man who thinks is a creation of the Master Giulio Belloni who reveals all his descriptive skills. In fact, in this artwork the action of the thinking is made in the most effective. This action often makes heavy the head like a stone and is also capable of twisting steel. The thought is strength, it is hard work but also triumph of intelligence of the human race, and especially at the base of creativity in every area.

L'uomo che pensa è una creazione del Maestro Giulio Belloni che svela tutta la sua abilità descrittiva. Difatti viene reso con la massima efficacia l'azione del pensare che spesso rende la testa pesante come una pietra ed è capace di torcere anche l'acciaio. Il pensiero è forza, è fatica ma anche trionfo dell'intelligenza del genere umano e soprattutto alla base della creatività in ogni ambito.

Dino Marasà

Uomo che pensa - Thinking man, 2015, full-relief sculpture by steel and by stone, 32x23x14 cm,   EURO 5.500

Via Lodovico il Moro, 10 - 20017 Rho (MI) Tel: +392930257   Mob: +393467482471   E-mail: giulio.belloni@lbmstudio.it

ROBERTO BONETTI

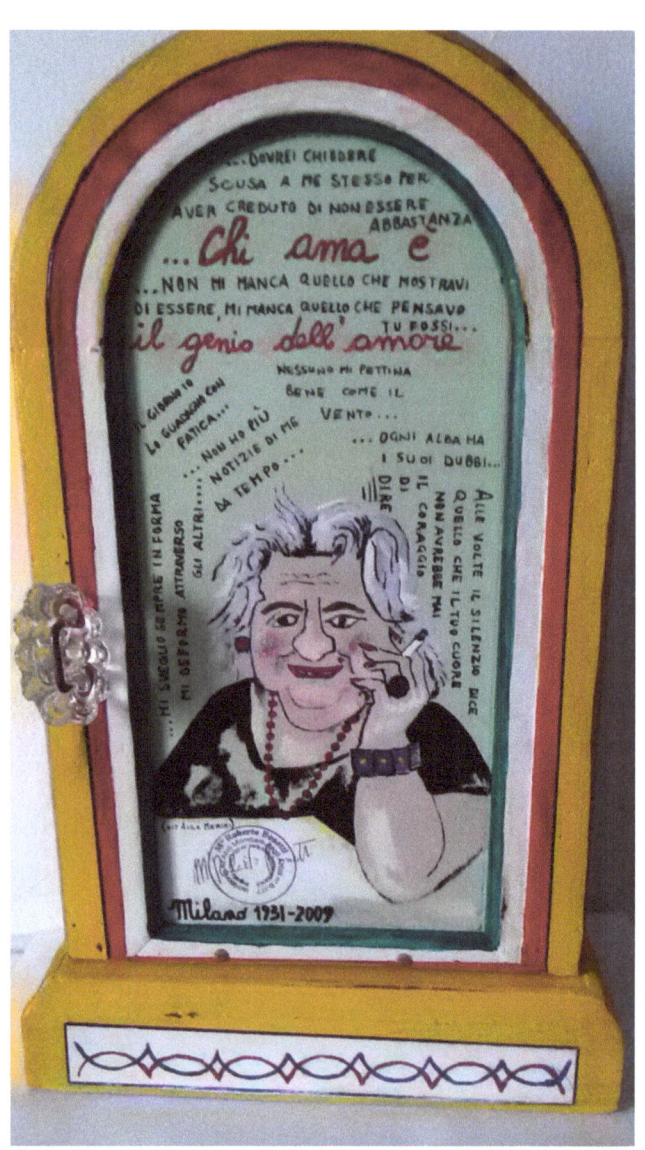

The poetess Alda Merini becomes the protagonist of a plastic collage of Maestro Roberto Bonetti. He is talented, loves art and art making. His ability is commendable and able to synthesize in a short space the size and depth of Merini. Roberto Bonetti gives new dignity and usefulness to recycled materials with the help of colors and shapes; he teaches us to understand what it means to seek harmony and to unite poetry with art.

La poetessa Alda Merini diviene protagonista di un plastico collage del Maestro Roberto Bonetti. Dotato di talento, ama l'arte il fare arte. Encomiabile la sua capacità di sintetizzare in poco spazio la grandezza e la profondità della Merini. Roberto Bonetti dà nuova dignità e utilità ai materiali di riciclo con l'aiuto dei colori e delle forme; ci insegna a capire cosa significa ricercare l'armonia e unire la poesia all'arte.

Dino Marasà

Omaggio ad Alda Merini - Homage to Alda Merini (italian poetess), mixed media: cabinet of an old wall clock, screws and nuts (recycled materials) figurative painting with acrylic, sentences written with pen Bic Cristal Gel + medium, application of paper, clear finish under the provisions of the Directives 67 / 58 EEC and 1999/45 / EC and following amendments and adjustments in respect of the environment, 26x12x47 cm, kg 2   EURO 1300

Trento (Italy) Mob: +393408455068 Pricing: from 1.900,00 to 16.000 EURO

ROBERTO BONETTI

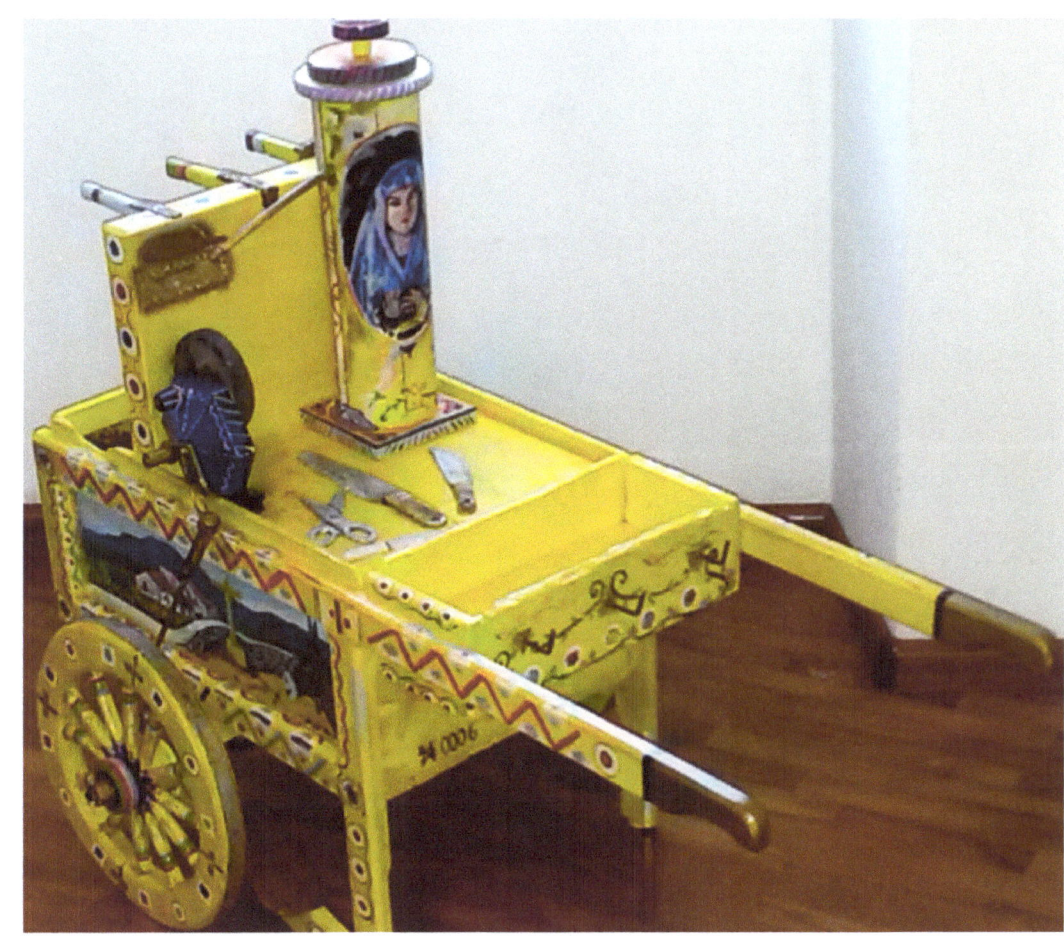

La tradizione del carretto siciliano, antica, dona ispirazione al Maestro Roberto Bonetti che crea usando materiali riciclati dei carretti pieni di colore, armonici, davvero singolari e suggestivi. Il carretto siciliano con i suoi decori sono fedeli alla tradizione antichissima di decorare con colori vivi ogni oggetto della quotidianità oltreché i templi, gli edifici pubblici e qualsiasi oggetto. Tradizioni frammiste nel carretto specchio delle varie dominazioni dell'isola, testimoni della creatività innata e della sua solarità. La faticosa vita contadina di un tempo veniva resa più dolce dai carretti che brillavano partecipi essi stessi della luce che inonda l'isola. Ormai la tradizione del carretto con le sue varianti che richiamano alle città principali dell'isola, sta sparendo. Ma rivive nel Maestro Roberto Bonetti che la trasmette ai posteri ostacolando così il maligno progetto del tempo di dare oblio a queste meravigliose creazioni dell'artigianato umano.

The ancient tradition of the Sicilian cart, gives inspiration to Master Roberto Bonetti who creates full of colors, harmonic,

Carretto dell'arrotino siciliano, portaoggetti e portachiavi - Sicilian cart of the knife grinder, glove box and key chain wooden structure made from recycled materials, ancient "Bench grinder " recovered from scrap metal and recovered with the foot movement, screws, nails, bolts varies, relief decoration, rope and paint with acrylic, 100x65x84 (h) cm   EURO 6.000

Trento (Italy) Mob: +393408455068 Pricing: from 1.900,00 to 16.000 EURO

ROBERTO BONETTI

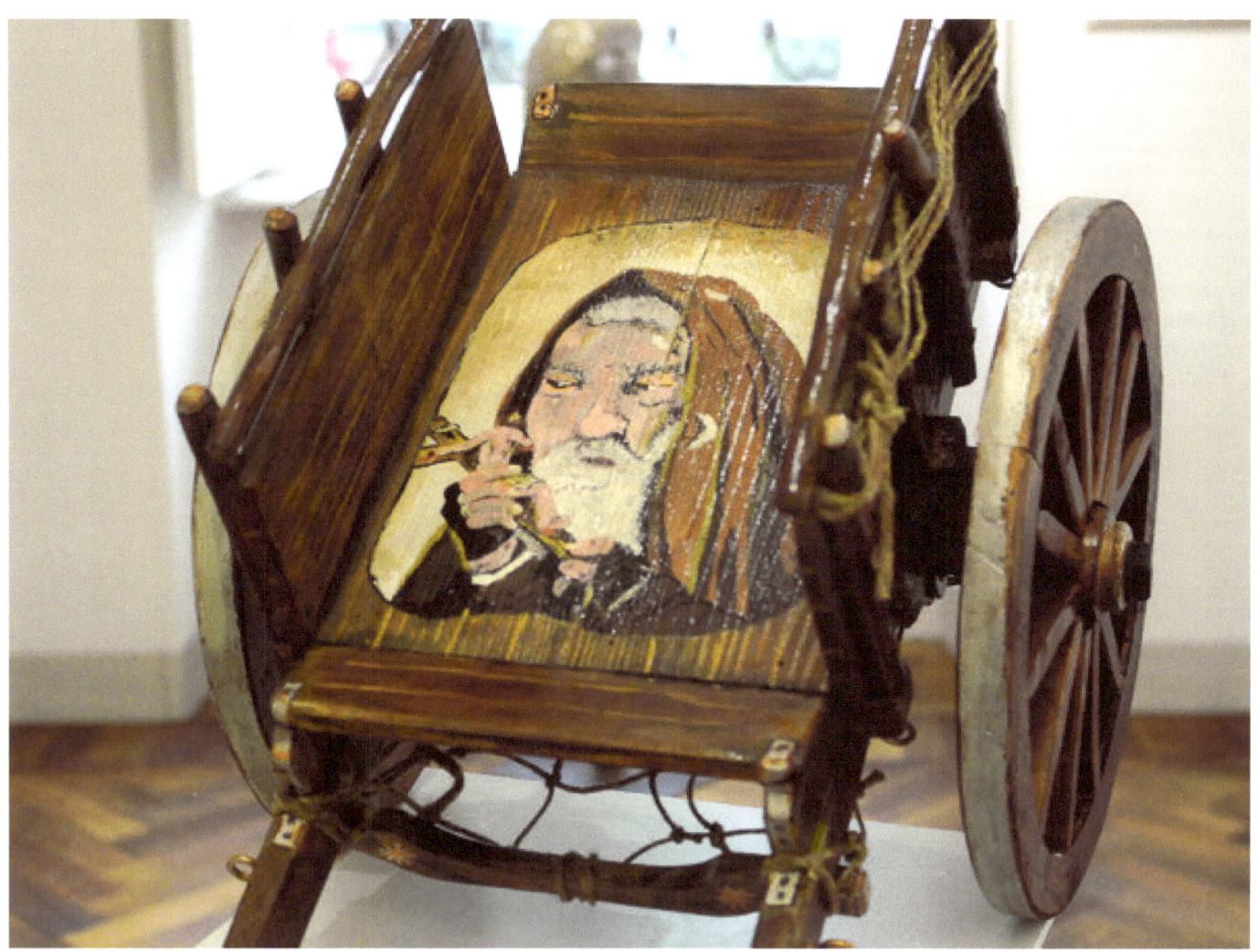

Il Cristo ringrazia Padre Pio da Pietrelcina - Christ thanks Padre Pio of Pietrelcina, hand sicilian cart (trapanese type) built with the recycled materials (wood, iron, rope, painting with acrylic), 63x35x25 (h) cm   weight: 2,2 kg NOT FOR SALE

Trento (Italy) Mob: +393408455068 Pricing: from 1.900,00 to 16.000 EURO

ROBERTO BONETTI

indeed unique and evocative carts. The Sicilian cart with its decorations are faithful to the ancient tradition of the island to decorate with bright colors every object of everyday life besides the temples, public buildings, all! Traditions are blended in the cart, they mirror of the various dominations of the island, witnesses of the innate creativity and of funny the sicilian people. The laborious peasant life in the past was made sweeter by the carts which was shining and participating of the light that floods the island. Now the tradition of the cart with its variants linked to the main cities of the island, is disappearing. But it revived in the Master Roberto Bonetti who transmits it to posterity stopping the evil design of the time to give oblivion to this wonderful creationsof human handicraft

Dino Marasà

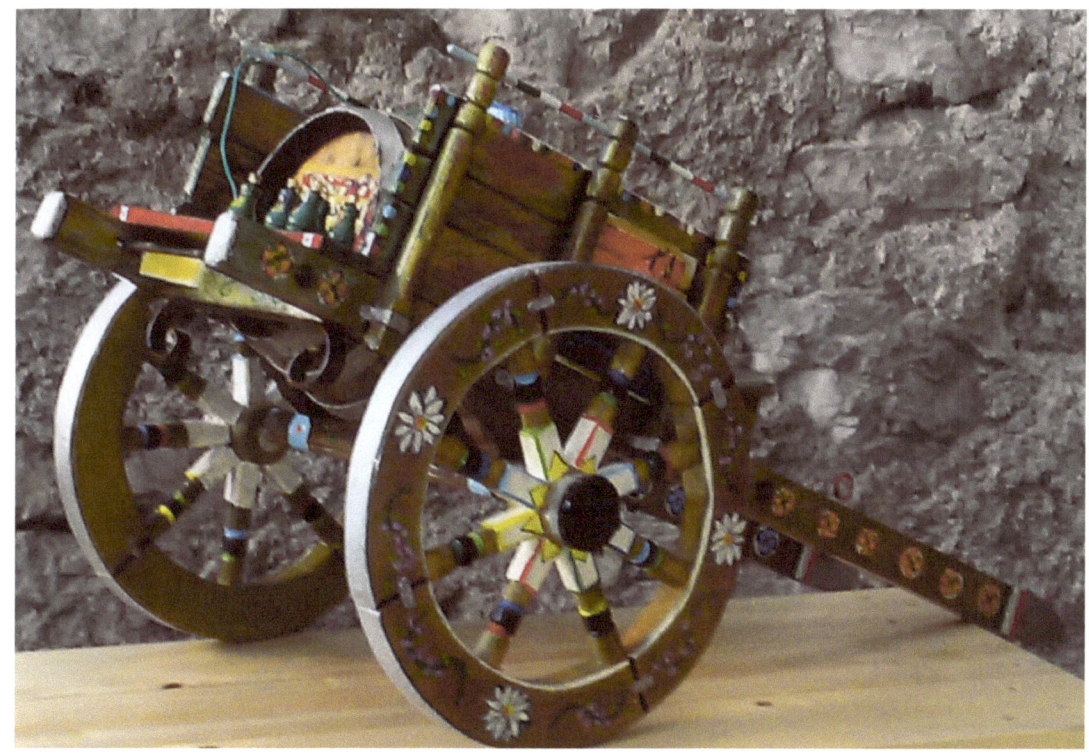

Venditore di vino Marsala ambulante - Peddler of Marsala wine, 2014, wood, iron and wooden barrel that once contained marsala sweet liqueur (all recycled materials) figurative painting that reproduces the labels listed on the at that time bottles, 82x45x44 (h) cm   weight 5,700 kg   EURO 7.500,00

Trento (Italy) Mob: +393408455068 Pricing: from 1.900,00 to 16.000 EURO

JOSEFINA TEMÍN

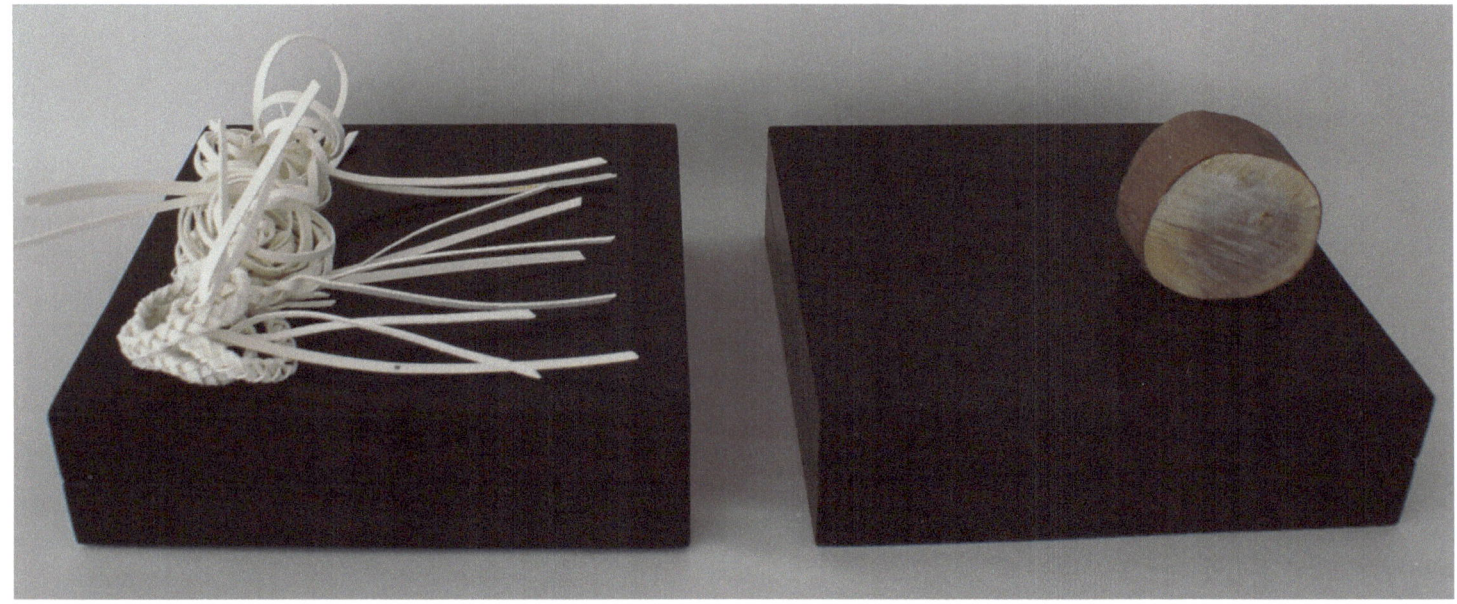

Trenzas y Círculo - Braids and circle - Trecce e cerchio, 2016, paper, fresno wood, painted wood, 17x30x28.5 cm - 16x28.5x28.5 cm
EURO 500

The painted wood, paper, the creativity and the desire to represent are basic in every artwork of Josefina Temín. She is able to give artistic form and descriptive consistency to these materials and she adds pedestals which highlight them and give them such a dimensional stability that captures the dynamic moments and makes them mirror image of the essence of the protagonist. *Braids and a circle* are so united and taken in their essential moments and placed to the in their primitive status.

Dino Marasà

Il legno dipinto, la carta, la creatività e la voglia di rappresentare sono basilari in ogni opera di Josefina Temín. Riesce a dare forma artistica e consistenza descrittiva a tali materiali e aggiunge dei piedistalli che li evidenziano e danno loro una tale stabilità dimensionale che cattura gli istanti dinamici e li rende immagine speculare dell'essenza del protagonista. *Trecce e cerchio* sono così accomunate e colte nel loro istante essenziale e posti allo sguardo del fruitore nel loro status primitivo.

Dino Marasà

Hacienda de Rancho Seco, 221 - 53310 Echegaray, Naucalpan (Mexico) Mob: +525555602228 www.josefinatemin.com jtemin@hotmail.com

JOSEFINA TEMÍN

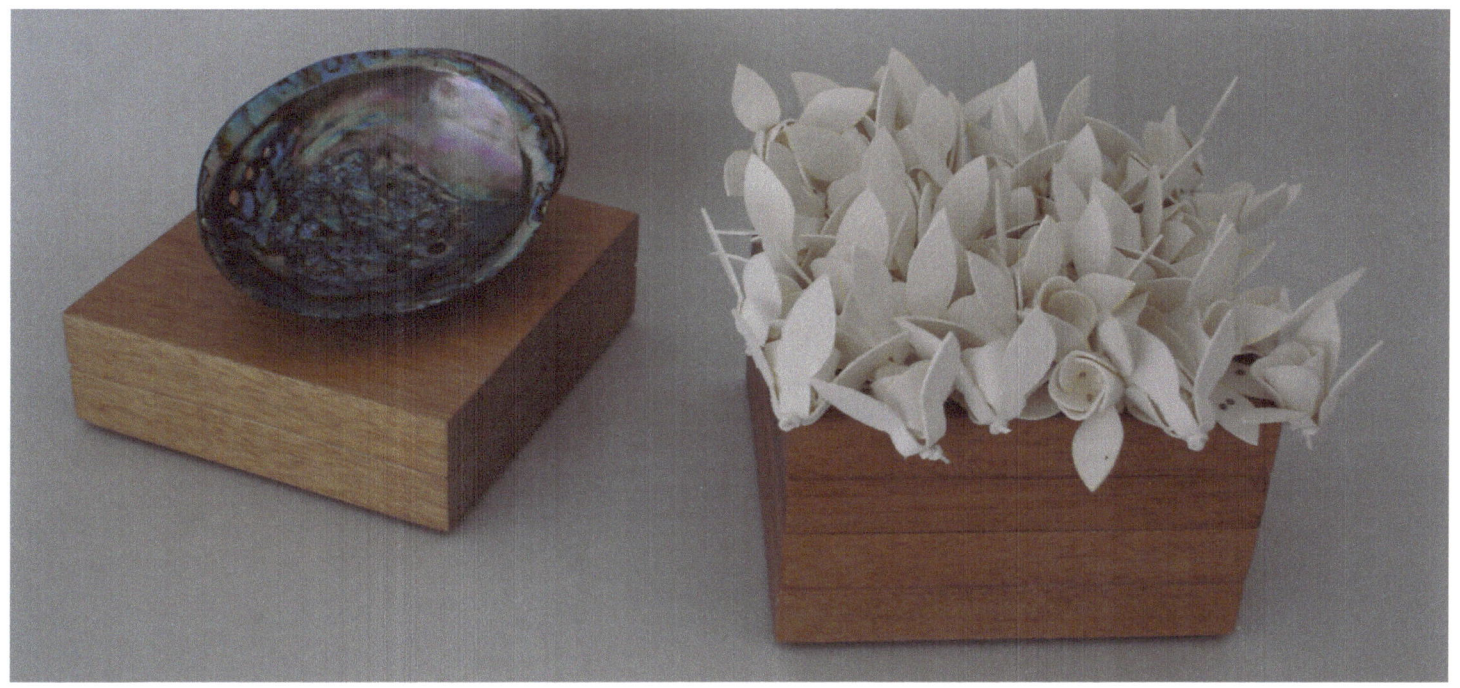

Abulón y Flores - Abalone and Flowers - Abalone e fiori, 2016, paper, wood, abalon shell, 10.5x17x16.5 cm - 15x24x16.5 cm EURO 500

A shellfish (abalone) roots firmly to the rocks as flowers that have their roots in the earth. They are united by determination to live of every living being and they are an example of the beauty and variety of nature, a favorite theme of Josefina Temín. In every work natural materials (wood, paper etc.) regenerate themselves representing the vegetal and animal species. The sensitivity and inventiveness of J. Temín are really admirable and because she gives to us emotions and deep wonder.

Dino Marasà

Un mollusco (Abalone) che si radica con forza agli scogli come i fiori che affondano le loro radici nella terra sono accomunati dalla determinazione di vivere di ogni essere vivente e sono l'esempio della bellezza della Natura e della sua varietà, tema prediletto di Josefina Temín. In ogni opera materiali naturali (legno, carta etc.) rigenerano sé stessi rappresentando le specie vegetali e animali. La sensibilità e l'inventiva della Temín sono davvero ammirevoli e la rendono capace di donarci emozioni e stupore profondi.

Dino Marasà

Hacienda de Rancho Seco, 221 - 53310 Echegaray, Naucalpan (Mexico) Mob: +525555602228   www.josefinatemin.com   jtemin@hotmail.com

Themart®, ideato e curato dall'editore Dino Marasà, è stato impaginato dalla casa editrice Studio Byblos www.studiobyblos.com

Themart®, was created and curated by Dino Marasà editor. Layout by Studio Byblos publishing house www.studiobyblos.com
.

ISBN 9788894149296

copyright Dino Marasà

Studio Byblos

Palermo 2016 - 2017